Couverture illustrée par Anja Klauss

ISBN 978-2-244-41798-1

www.editionslito.com

30 HISTOIRES de poneys

Éditions Lito

Une histoire !

Retrouve des poneys intrépides,
des cow-boys malicieux,
des cavalières téméraires,
des enfants passionnés…

À chaque soir son histoire,
avec des poneys petits par la taille,
mais grands par le courage !

Des anecdotes étonnantes avec :
Des poneys pleins de surprises

Des récits émouvants avec :
Des poneys croquignolets

Des aventures exaltantes avec :
Des poneys crinière au vent

Petit cow-boy, jolie princesse, sage Indienne ou gentil cosmonaute, quand vient la nuit, tout le monde dit « oui » pour une petite histoire !

SOMMAIRE

Des poneys pleins de surprises

Des poneys croquignolets

La petite merveille

Il y a très, très longtemps, la terre, le ciel et la mer étaient le jardin des dieux. Chacun avait un travail précis à y accomplir : parfumer les fleurs, accrocher les étoiles dans le ciel ou encore faire danser les vagues sur la mer. Mais il y avait un petit dieu qui, lui, n'avait rien à faire. Il s'asseyait au bord de l'océan et y jetait des galets en cherchant désespérément une idée qui lui apporterait le bonheur de se sentir enfin utile.

Un matin, le petit dieu se réveilla en sursaut : l'idée qu'il attendait depuis si longtemps lui était venue dans ses rêves. Il allait inventer une créature divine qui, par sa grâce, enchanterait la terre, le ciel et la mer.
Le petit dieu ramassa de la belle terre, s'enferma dans son atelier et commença son travail de modelage. Au bout de quelques jours, les autres dieux, intrigués par tant d'ardeur, s'approchèrent de l'atelier.
Ils furent subjugués en découvrant la splendide créature que le petit dieu venait de créer.
– Je l'ai appelée « cheval », déclara-t-il avec fierté.
Les dieux lui en réclamèrent tout un tas, pour galoper sur la terre, pour voler dans le ciel, pour nager dans la mer…
Le petit dieu honora chaque commande avec générosité. Il ajouta même une corne d'or et d'argent au cheval des forêts, qu'il nomma « licorne », des ailes de plumes blanches à celui du ciel, qu'il appela « Pégase », et il créa un minuscule cheval fait pour vivre sous l'eau, qui fut baptisé « hippocampe ».
Une fois tout son travail achevé, le petit dieu décida de réaliser, avec le reste de terre, son dernier cheval. Ce serait son chef-d'œuvre.
Hélas, pris de fatigue, il s'endormit.

À son réveil, cinq jours plus tard, la belle terre avait presque entièrement séché. Le petit dieu en fut grandement contrarié. Comment pourrait-il réaliser son chef-d'œuvre avec le tout petit rien de terre humide qui lui restait ? Il se mit néanmoins au travail et façonna du mieux qu'il put ce qu'il rêvait d'être son plus beau cheval. Quand il eut terminé, les dieux, impatients, vinrent admirer sa nouvelle création.

– Comment l'as-tu appelé, cette fois ?

– « Poney ». Il est plus petit, certes, mais je lui ai donné pour compenser plus d'intelligence et de courage qu'au cheval.

– Cela nous convient, dirent les dieux, charmés par ce petit poney. Nous le mettrons dans les régions de roches et de déserts, là où souffle le vent glacial, là où le sable et les cailloux poussent mieux que l'herbe. Il en sera l'âme et l'espoir. Petit dieu, tu as bien travaillé ! Ton poney est une merveille !

Myriam Baudic - Manola Caprini

Le printemps des amis

C'est le printemps. Paco, le petit poney, est impatient car il sait que son amie Margotton, la marmotte, sortira bientôt de sa longue hibernation. Chaque année, à la même époque, il la guette pour être le premier à la saluer.

Un jour, il entend un sifflement qu'il reconnaît immédiatement.

– Fffffffuitt pfffuit ! Je suis réveillée !

Aussitôt, Paco rejoint Margotton au galop.

– Youpi ! Te voilà enfin ! As-tu bien dormi ?

– Merveilleusement, Paco. Maintenant, j'ai très envie de me dégourdir les pattes. Allons nous promener, et en chemin tu me raconteras tout ce qui s'est passé pendant mon sommeil.

Paco commence alors son récit. Il lui dit le soleil bas de l'automne, les douces senteurs, les feuillages multicolores, le vent qui souffle en rafales dans sa longue crinière, les gouttes de pluie, les jeux dans les flaques, et puis le froid vif de l'hiver qui s'installe et qui pique, les flocons recouvrant un à un la campagne, la trace de ses sabots dans la neige…

Margotton l'écoute, émerveillée.

– Tu en as de la chance. Je ne connais que le printemps et l'été, lui confie-t-elle. Le reste du temps, bien au chaud au creux de mon terrier, je dors profondément.

– Pendant ton absence, reprend le poney, je pensais très fort à toi. Je savais qu'à ton réveil tu aurais besoin de reprendre des forces, car tu es restée bien longtemps sans manger. Voici des châtaignes, des pommes et des noisettes. Bon appétit !

– Merci Paco. Grâce à toi, je connais les sensations des quatre saisons.

Un poney dans l'espace

Paddy, le museau collé au hublot, n'en revient toujours pas. Il a été choisi pour être le premier poney à s'envoler dans l'espace ! Pour un peu, il en hennirait de joie, mais ce n'est pas le moment : on va décoller !

La fusée se met à vibrer, le compte à rebours a commencé :

– 5 - 4 - 3 - 2 - 1… FEU !

Ça y est, l'engin s'élance à toute allure dans la nuit étoilée. Paddy frissonne de plaisir mais Max, le cosmonaute qu'il accompagne, n'arrête pas de ronchonner :
– Un poney dans une fusée, franchement, quelle idée !
Alors Paddy baisse les paupières, il tente de se faire oublier.
Lorsqu'ils arrivent aux abords de la Lune, le poney, émerveillé, écarquille les yeux.
Max déclare :
– Je n'ai pas besoin de toi, alors surtout reste à l'écart !
Le poney hoche la tête tristement. À deux, l'aventure aurait été plus amusante, pourtant.
La fusée se pose, et Max et Paddy, bien à l'abri dans leur combinaison spatiale, mettent pieds et sabots sur la Lune.
Sans un regard pour son compagnon, le cosmonaute s'en va à bonds de géant.
Le poney découvre à son tour les joies de l'apesanteur : à chaque pas, il lui semble qu'il va s'envoler ; c'est encore mieux que le grand galop !

Il saute de cratère en cratère, il admire au loin la couleur bleue de la Terre, quand soudain il entend :

– Au secours, à l'aide…

Max, allongé sur le sol, se tient une cheville et gémit :

– Je me suis fait mal, je ne pourrai pas retourner à temps à la fusée, je vais manquer d'air…

Vite, Paddy s'approche, s'agenouille et présente son dos au cosmonaute. L'homme parvient à grimper et tous deux regagnent sans tarder le vaisseau spatial. Une fois à bord, Max caresse le museau de Paddy.

– Je te remercie, tu m'as sauvé la vie. Un poney dans une fusée, finalement, quelle bonne idée !

Une vraiment drôle de famille

Le poney de maman passe en courant,
Il n'a vraiment jamais le temps.
Celui de papa est très fort,
Il muscle ses pattes et son corps.
Le poney de Louise
A des fleurs bleues sur sa chemise,
Et celui de Suzon
Porte toujours un ceinturon.
Le poney de Samson
A un pansement sur le front,
Et celui de Petit Louis
Dort avec lui dans son lit.
Il est vraiment tout rikiki !

Sabot de Plomb

Il était une fois un petit poney très maladroit. Il l'était tant que, dans l'écurie, on le surnomma Sabot de Plomb.
Les chevaux se moquaient de leur cousin :
– Quel bon à rien ! Et comme dit le maréchal-ferrant : « Jamais un cavalier ne voudra de lui, même un tout petit ! »
Sabot de Plomb entendait, mais il faisait comme si de rien n'était. Chaque fois qu'un cavalier entrait dans l'écurie, il espérait.

Un matin, il y eut bien un homme qui hésita :
– Et lui ? Ne serait-il pas un bon choix pour mon fils ?
Sabot de Plomb redressa son encolure, se tenant prêt. Hélas, l'homme changea d'avis. Sabot de Plomb soupira. Il avait le cœur gros.
Un jour, un vent d'agitation vint souffler jusqu'au fond de l'enclos. Les palefreniers nettoyaient les écuries de fond en comble lorsqu'une jeune fille aux longs cheveux dorés apparut. Elle s'appelait Nina.
– C'est moi qu'elle va choisir ! chuchota un cheval gris pommelé.
– Et pourquoi pas moi ? dit le pur-sang noir.
Mais Nina n'était jamais montée à cheval, et tous les chevaux ici lui semblaient bien trop grands. C'est alors qu'elle remarqua le poney, beaucoup plus discret que ses compagnons. Sabot de Plomb n'avait aucune raison d'espérer. Pourquoi cette jeune fille, belle comme une princesse, le choisirait-elle ?
– Celui-là ! dit Nina en le pointant du doigt.
Dans l'écurie, un brouhaha s'installa sur-le-champ : Sabot de Plomb ? Surtout pas ! Il n'y a pas plus maladroit que ce poney !
Mais Nina avait fait son choix, et personne n'osa s'y opposer. Ni une ni deux, Sabot de Plomb fut brossé, sellé et préparé… et il se retrouva bientôt naseau à nez avec Nina.

Elle l'emmena par la longe. Sabot de Plomb l'observait. Il se demandait : « Est-elle tombée sur la tête ? »
La jeune fille s'arrêta soudain, puis elle lui confia d'une toute petite voix :
– J'ai un peu peur, tu sais…
Nina posa sa main sur le front du poney. Sabot de Plomb écouta ses confidences avec intérêt. Sans le savoir, Nina lui soufflait des mots chauds, doux et sucrés. C'était la première fois qu'on lui faisait confiance, et son cœur cognait très, très fort. Alors Nina grimpa sur sa selle de velours brodé. Sabot de Plomb frissonna. Un pas, un autre, et il se hasarda à un petit trot. Oups ! Il avait failli s'emmêler les sabots façon méli-mélo.
– Tout doux mon beau, chuchota Nina.
Nina se révéla très vite une étonnante cavalière. On raconte même que son poney a le pas léger et qu'il galope plus vite que l'éclair. Plus jamais on n'entendit parler de Sabot de Plomb. Nina connaissait le vrai nom de son ami : il s'appelait Comète.

Mireille Mirej - Paku

Le Noël de Câlin

Il fait froid et gris. Le ciel moutonne de nuages lourds. C'est l'hiver ! Un nouveau poney vient d'arriver dans la prairie des retraités. Il est joli, Câlin, avec sa robe crème, sa queue noire panachée de blanc et sa courte crinière dressée comme une brosse !
Mais il boude, il ne veut pas manger. Il se tient le long de la clôture, tête dressée vers la route, et il a à peine dit bonjour en arrivant.

Les chevaux de la prairie sont curieux. Ils aimeraient bien savoir d'où vient ce poney et quelle a été son histoire, mais difficile d'entamer la conversation avec un compagnon si peu aimable !

Douce, la plus âgée des juments, en a assez. Elle décide de ne pas laisser le nouveau s'ennuyer dans son coin plus longtemps. C'est qu'il risque bien de tomber malade s'il refuse toute nourriture ! Elle s'approche lentement.

– Dis ! Tu n'es pas bien ici ? Que te manque-t-il pour être heureux ?

– Gronkkkk !

– Tu es vexant. Tu es chez nous, ici. Pourquoi n'aimes-tu pas cet endroit ?

– Gronnnnkkkkk !

– Tu as un souci ? Tu as mal aux dents ? C'est pour ça que tu n'as pas d'appétit ?

– Nonhhhh !

– Tu as mal aux pieds ? Tu as des parasites qui se promènent dans ton estomac et te chatouillent désagréablement ?

– Nonhhhh !

– Alors, qu'y a-t-il ? On n'a pas idée d'être ronchon comme ça et de ne pas vouloir s'expliquer…

– Ron ! Fiche-moi la paix ! Je m'ennuie ! Si je suis ici, c'est qu'on ne m'aime plus. À quoi ça a servi que je travaille pendant des années pour qu'on me dise aujourd'hui qu'on ne m'aime plus ?
– Si tu es là, dit Douce, c'est au contraire parce qu'on t'aime ! Tu sais… les chevaux retraités, ceux qui ne sont plus capables de travailler, ne terminent pas tous leur vie dans une belle prairie ! D'ailleurs, ils ne risquent pas de te le raconter…
Et la vieille jument baie se frotte doucement l'œil contre son genou droit pour dissimuler son émotion.
– Ah ! Tu crois ? demande le poney, d'une voix déjà moins lourde de rancœur.
– J'en suis certaine ! Si tu es avec nous, tu peux être certain que ton maître t'aime extrêmement fort.

Tout à coup, on entend un véhicule freiner dans la cour. C'est un beau camion vermillon. Un monsieur petit et rond en jaillit. Il porte un pull-over d'un rouge éclatant sur lequel s'étale une grande barbe blanche.
Il court vers la prairie en criant :
– Salut, mon Câlin ! Comme je suis content de te voir ! Je suis venu te chercher, on a besoin de nous…
Câlin hennit de joie et se dandine lourdement derrière la barrière. C'est qu'on n'est plus tout à fait souple et léger, à vingt-deux ans passés !
– Viens mon beau Câlin, mon prince du froid ! C'est Noël !
– Et alors… interroge Douce. Que fais-tu donc à Noël ?
Mais Câlin ne répond pas. Il saute en l'air des quatre fers et se trémousse. Il a oublié ses vieilles douleurs. Voilà qu'il se prend presque pour un poulain !
– Waouhhh ! s'exclame-t-il. Je vais passer Noël sous les sapins !

Quand il revient, quatre jours plus tard, les chevaux de la prairie font cercle autour de lui.
– Alors ! Raconte-nous ce que tu as fait à Noël !
Câlin a les yeux qui pétillent et il respire le bonheur.
– Tous les Noël, les amis, je suis attelé au plus beau traîneau de la terre. Il est rouge et or, tout orné de grelots, et moi j'ai un harnais qui brille à faire pâlir le soleil. Avec Petit Bonhomme, mon maître, que vous avez aperçu, nous jouons au Père Noël. Il distribue des cadeaux, pose les enfants des villes sur mon dos et les flashs se déchaînent. Vous verriez les gamins, comme ils sont heureux de tout ça ! Maintenant, je peux me reposer. Tu avais raison, Douce, j'ai compris qu'il m'aime et que c'est pour mon bien que je suis ici.
– Chouette ! dit un vieux poney. Ça va devenir sympa de t'avoir avec nous. Jusque-là, monsieur Ronchon, ce n'était pas folichon !
– Tout va aller bien, vous verrez. Je suis désolé… Petit Bonhomme m'a juré qu'il viendrait me chercher tous les ans à Noël… tant que je tiendrai debout, bien entendu !

Plume de sagesse

Le printemps est de retour sur la Grande Prairie. Chénoa et sa grand-mère se promènent.

– Regarde, Chénoa, les chevaux broutent la nouvelle herbe tendre et les premières fleurs. Cela leur donnera des forces pour la course de la grande fête des Feuilles vertes. Cette année, la fillette participe à cette course, et elle a bien l'intention de la gagner.

Durant toute la semaine, Chénoa parle à son poney pour l'encourager :
– Je t'ai baptisé Sabots-vifs-et-agiles pour que tu sois le plus rapide !
Elle chuchote aussi à son oreille :
– Tu galoperas encore plus vite que le meilleur cheval du chef !
La fillette cajole son poney, car elle est certaine de sa victoire.
Mais la course ne se passe pas du tout comme l'avait imaginé Chénoa.
Elle est furieuse après son poney.
– J'aurais mieux fait de t'appeler Sabots-d'escargot !
– Pourquoi ma petite-fille est-elle en colère ? demande sa grand-mère, qui vient d'arriver.
Chénoa lui raconte sa défaite :
– Il a été aussi lent qu'un escargot !
– Tes paroles lui font de la peine, lui dit sa grand-mère. Ce n'est pas de sa faute si ses pattes ne sont pas assez puissantes pour gagner. Tu l'as baptisé Sabots-vifs-et-agiles parce que tu voulais avoir le poney le plus rapide, mais crois-tu que si tu nommais un corbeau Rossignol il serait capable de chanter ?
Chénoa baisse la tête, un peu honteuse.
– Sabots-vifs-et-agiles est brave, conclut sa grand-mère. Il a plein de qualités, même si ce ne sont pas celles que tu espérais.
On doit aimer chacun comme il est.
Tu gagneras ta première plume de sagesse quand tu auras compris cela.

À quelque temps de là, la grand-mère de Chénoa tombe malade et demande à sa petite-fille d'aller lui chercher des herbes pour la soigner.
La fillette connaît bien les plantes, car elle a toujours accompagné sa grand-mère quand celle-ci partait en cueillette.
Elle enfourche son poney et file droit vers la montagne.
Chénoa a bien vite rempli son sac de toutes les herbes qu'elle a cueillies, mais elle s'est égarée dans la grande forêt.
– Si seulement je pouvais apercevoir le vieux cèdre, pleurniche la fillette.
Aussitôt, son poney se met en route.
– Mais où vas-tu ? s'écrie Chénoa.
La fillette tire sur les rênes pour l'obliger à faire demi-tour, mais le poney n'en fait qu'à sa tête. Quand enfin il s'arrête, Chénoa n'en croit pas ses yeux.
– Le vieux cèdre ! s'exclame-t-elle.
La fillette caresse la crinière de son poney pour le remercier.

Grâce à lui, elle a retrouvé son chemin.
À son retour, Chénoa raconte sa mésaventure à sa grand-mère :
– Tu avais raison, lui dit-elle. Sabots-vifs-et-agiles ne court pas très vite, mais c'est un brave petit poney. Sans lui, j'aurais pu tourner dans la forêt pendant deux lunes !
Et la fillette serre l'encolure de son poney avant de lui offrir une belle poignée de fleurs parfumées.
Alors, la grand-mère plante une plume d'aigle dans la chevelure de Chénoa.
– Ma petite-fille a bien mérité sa première plume de sagesse.

Myriam Baudic - Virginie Martins-B

Les rêves de Marylou

Le poney roux de Marylou,
Sur le chemin d'un pas léger,
Traverse rivières et marais,
Joue dans les vagues et dans les prés,
Aime les grandes randonnées
Sous les draps et sur l'oreiller.
Le poney fou de Marylou
Trotte et gambade crinière au vent,
Caracole à pas de géant ;
De ses sabots étincelants,
Il foule les nuages d'argent,
Se couvre d'or et de diamants.
Le poney doux de Marylou,
Quand vient la nuit sans faire de bruit,
Tout chaud, contre elle se blottit,
Ferme les yeux, rêve et sourit.
Elle lui murmure juste endormie :
– Bonne nuit, mon poney chéri !
Le poney de Marylou,
C'est son doudou, c'est son chouchou,
Elle le couvre de bisous,
S'éveille et s'endort à son cou.
Elle le promène partout.
Elle l'aime vraiment beaucoup !

Un anniversaire enchanté

Au printemps, un manège s'installe sur la place du village. Chaque matin, son propriétaire apprête les animaux colorés. D'abord, il fait briller le grand éléphant d'Afrique, dont la trompe se redresse ; les enfants en raffolent. Ensuite, il frotte le tigre du Bengale, qui bondit pour attaquer, puis il astique le requin bleu à la mâchoire en acier… mais jamais il n'a de temps à consacrer au pâle tout petit poney, que les enfants choisissent toujours en dernier.

Alors, un soir, le poney décide de s'en aller… Il se dégage du poteau qui le retient, descend les marches du manège et se faufile derrière le rideau fermé.
La lune n'éclaire pas beaucoup cette nuit, et les étoiles sont cachées.
« Je partirai demain dans la lumière du soleil », pense-t-il, un peu effrayé.
Et il se couche dans un bosquet.
Le lendemain, des voix le réveillent.
Une maman et sa petite fille sont en train de discuter. Elles n'ont pas l'air riches, leurs robes sont raccommodées, mais la joie semble les habiter.
– Regarde, dit la maman en sortant une pièce de monnaie, pour ton anniversaire, tu feras un tour de manège !
– Quelle chance ! bondit la fillette. Je monterai sur le poney !
– Ah ? s'étonne la maman. Tu ne préfères pas le tigre du Bengale ou le requin ?
– Non, répond la fillette. Le poney est pâle et ses couleurs sont en train de s'effacer, mais c'est lui qui me fait rêver…
Alors, dès qu'elles se sont éloignées, le poney retourne à sa place, attaché à son poteau derrière le rideau fermé.
Quelque part sur la terre, une petite fille l'aime.
Ça change tout ! Il ne partira plus jamais.

Câlinette, la ponette

J'adore aller à la campagne chez mon oncle Adrien et ma tante Émilienne.

Aujourd'hui, je suis encore plus impatiente, car mon oncle m'a dit que j'aurai peut-être une surprise. Dans la voiture, je n'arrête pas de gigoter !

Heureusement, le trajet n'est pas long.
Déjà, j'aperçois la belle maison de mon oncle et de ma tante. Quand la voiture s'arrête face au perron, tante Émilienne se précipite vers moi et crie :
– Bonjour Camille ! Va vite rejoindre tonton à l'écurie !
Je lui fais un gros bisou et je cours à toute vitesse vers les box.
Avant de pousser la porte, je crie :
– Tonton ! Tonton !
Il ne me répond pas. J'entre et je le vois tout au fond, immobile et un peu courbé.
Il se trouve juste à la place de Câlinette, ma ponette préférée. Tout à coup, j'ai peur.
Est-ce qu'elle est malade ?
Je m'approche et je la vois allongée.
Mon oncle me dit doucement :
– Viens !

C'est bien Câlinette qui est là. Entre ses pattes arrière, je vois une sorte de sac grisâtre. Mon oncle m'attrape par le bras et je m'approche encore. On dirait que ce sac est un peu transparent et là, tout à coup, je comprends. Le bébé de Câlinette est en train de naître.

– Il est enveloppé d'une membrane ! m'explique oncle Adrien.

Je distingue deux pieds et le nez du bébé poney.

Câlinette se concentre. On dirait qu'elle pousse. Cette fois, le bébé perce la membrane : sa tête sort, puis les pieds de devant et enfin tout le corps. Le bébé poney relève la tête et se tourne vers sa maman. Elle se penche vers lui. Ils se regardent, se découvrent. Câlinette se relève, et je suis tout étonnée de voir que le bébé en fait autant. Ses pattes tremblent un peu. La ponette s'approche de lui et le lèche. Moi aussi, je tremble. Je suis si heureuse d'être arrivée à temps pour voir la naissance du bébé de ma ponette préférée ! Je trouve qu'il lui ressemble. Il a les mêmes taches noires sur le dos. Déjà, il veut téter. Je suis vraiment émerveillée. Oncle Adrien me fait un gros bisou et me dit :

– Si tu veux, tu peux choisir son nom !

Et tout de suite, je dis :

– Et si on l'appelait Câlinou ?

Un, deux, trois, partez !

Un, deux, trois, partez !
Ils n'étaient encore que des poulains – qu'ils faisaient déjà la course dans leur enclos. Trois petits chevaux, ou plutôt deux, car pendant que Cyclone et Zéphyr, les deux plus rapides, couraient, le troisième donnait le départ et comptait les victoires. Ce dernier s'appelait Serein, un nom sur mesure pour un poney calme et discret.

Jamais un pas plus long que l'autre, jamais il ne s'épuisait à tourner en rond. Lui, il préférait marcher lentement et tout droit.

– Un, deux, trois, partez !
Ainsi passaient les jours, les mois, toute une année.
À force de s'entraîner, Cyclone et Zéphyr devinrent de vrais champions.
Dès qu'il s'agissait de courir en tournant en rond, nul ne pouvait les battre dans les environs. Serein, lui, continuait de donner le départ et de compter les victoires.

– Un, deux, trois, partez !
C'est le jour du championnat national.
Un coup de feu et ça y est, la grande course est lancée.
Sur la piste, les chevaux les plus rapides de l'Ouest s'affrontent. Serein attend sur le côté que ses deux amis finissent d'en découdre.
Décidément, le bruit, la poussière et cet acharnement à vouloir tourner en rond ne l'ont jamais emballé. Lui, ce qu'il préfère, c'est marcher au pas et tout droit.
Pan, pan et pan ! Trois coups de feu, la course est arrêtée.

Un dangereux bandit a profité de la fête pour dévaliser la banque, la bijouterie et le marchand de haricots.
Le shérif grimpe sur le dos de Cyclone, et son adjoint sur celui de Zéphyr.
– Au galop !
Ils se lancent aussitôt à la poursuite du bandit.
Serein, curieux, les suit, mais de loin, car ses amis courent bien trop vite pour lui.
Il ne fait aucun doute que le bandit sera capturé avant la nuit.
Cyclone et Zéphyr traversent la plaine, la rivière, le désert. Jusqu'au petit lac de la grande montagne. Un lac bleu et rond, si rond qu'ils décident de terminer la course qu'ils avaient commencée. Les voilà qui se remettent à tourner en rond sans qu'on puisse les arrêter.
Un, deux, trois pas, puis encore trois, et encore trois, voilà Serein, le poney qui va tout droit. Lui ne s'arrête pas, et quand tombe la nuit il finit par trouver le campement du bandit.
Pan, pan et pan ! Trois coups de pied, le voleur est assommé.
Serein rentre en ville chargé de tout ce qui avait été dérobé… sauf les haricots, car le bandit en avait mangé un peu et lui les avait terminés. Mais après tout, il les avait bien mérités !

Retenez de cette histoire que ce ne sont pas ceux qui vont le plus vite qui vont le plus loin.

Cette nuit, la liberté !

Monsieur Doré adorait les chevaux. Comme il était très vieux et très riche, il s'offrait les plus beaux chevaux du monde. Ses bêtes recevaient le meilleur picotin et les meilleurs soins : ils étaient amoureusement étrillés, bouchonnés, brossés, lustrés. Tous les chevaux étaient satisfaits de leur sort. Tous, sauf un : un petit poney nommé Bijou.

La crinière de Bijou tombait, longue et souple, sur son encolure, et sa robe blanche scintillait comme si elle avait été saupoudrée de poussière de lune. Monsieur Doré avait même eu l'extravagance de fixer sous les sabots du joli poney quatre clochettes qui tintinnabulaient de la plus charmante des façons.

Bijou, malgré toute l'attention qu'il recevait, n'était pas heureux. Tout le jour, il respirait les herbes odorantes de la prairie ; toute la nuit, il écoutait le bruissement de la forêt. Il tendait alors le bout de son nez vers ces merveilles en hennissant tristement.

Monsieur Doré, accablé, constata que son cher Bijou maigrissait. Il comprit que son poney, même avec les meilleurs soins et le meilleur picotin, était malheureux.

– Mon pauvre Bijou, soupirait monsieur Doré, tu as pourtant tout ce qu'il te faut ici.

Oui, Bijou avait tout ce qu'il lui fallait, sauf… la liberté. Cependant, monsieur Doré refusait de laisser gambader son poney dans la forêt et les prairies qui entouraient son haras. Il ne voulait pas que ses pensionnaires se blessent ou, pire encore, se fassent dévorer par les pumas qui rôdaient dans la région.

Un soir que monsieur Doré s'était absenté, Bijou parvint à déverrouiller la porte de son box. Le poney fit un pas, un pas de trot – ah, comme c'était grisant de sentir le vent gonfler sa crinière – et, sans un regret, disparut au galop dans la forêt.
Quand monsieur Doré trouva le box vide, la terreur lui serra le cœur. Fou d'inquiétude, le vieil homme sonna toute la nuit la cloche du haras. Bijou l'entendit mais, enivré par les parfums de la forêt, il poursuivit son chemin. Un instant, il aperçut le haras de monsieur Doré. « Comme c'est étroit, se dit-il, comme on est mieux à caracoler dans les hautes herbes. »
Hélas, un puma, intrigué par la musique des clochettes, ne fut pas long à découvrir notre poney s'étourdissant sous les premiers rayons de lune. Bijou sentit l'odeur du fauve avant même de le voir. La bête était puissante, le poney courageux, mais la lutte bien trop inégale.
Cent fois le puma lança ses griffes, cent fois le poney les évita de justessc. Au petit matin, Bijou regarda le ciel éteindre une à une ses étoiles.
– Ah, soupira le petit cheval, épuisé, la liberté vaut bien de mourir pour elle.
Alors le puma se jeta sur le poney pour le dévorer…

Le premier coup de feu atteignit le fauve à l'épaule, le second le fit fuir au plus profond de la forêt. Monsieur Doré s'assura que Bijou n'avait rien. Il détacha les quatre clochettes qui avaient failli causer la perte de son cher poney.

– Fais attention à toi. Tu es libre. Va !

Bijou ébroua son ample crinière encore tout emmêlée et poisseuse de sang et de sueur, et disparut à son tour dans la forêt.

Le cœur léger, monsieur Doré redescendit vers son haras. Il ouvrit tous les box. Les chevaux furent certes un peu moins étrillés, bouchonnés, brossés et lustrés, mais dorénavant ils galopaient, libres, crinière au vent, dans les prairies du haras, et ce pour le plus grand bonheur du vieux monsieur Doré.

Numa et Steffa !

Depuis que Numa fait de l'équitation, son poney préféré, c'est Steffa ! Enfin, sa ponette préférée, car Steffa est une femelle. Elle est petite, toute ronde, avec une crinière blonde et une grande mèche qui lui tombe sur les yeux.

– On dirait un tonneau ! dit maman.
– Pas du tout ! répond Numa, fâché. Elle est très belle, Steffa. Ne parle pas d'elle comme ça. Tu vas lui faire de la peine.
– Tout de même, demande maman, tu ne préférerais pas monter Vanille ou Goldar ?
– Non, je préfère Steffa ! déclare Numa sans hésiter.
– Pourtant, les autres poneys sont plus grands ; avec Steffa, tes jambes traînent par terre.
– Maman, tu exagères !
Maman insiste :
– En plus, quand elle trotte, elle te secoue comme un prunier.
Numa rit :
– Moi, j'aime bien être secoué, ça me fait rigoler !
Maman ne comprend pas Numa. Elle espère que Nathalie, la monitrice, lui donnera tout de même un autre poney pour une fois, mais Nathalie lance :
– Numa, tu prendras Steffa !
– Chouette ! s'écrie Numa.
Et il court la brosser et coiffer sa crinière, qui balaie presque par terre.

La monitrice selle Steffa pour la reprise.
Au pas, Numa se couche sur Steffa
pour l'embrasser entre les oreilles.
Au trot, il se fait secouer et sa bombe
penche sur le côté. Au galop, il manque
de rouler le long de son ventre tout rond
et bien gonflé. Quand il met pied à terre,
il est ravi et il serre Steffa dans ses bras.
Toute la semaine, maman entend parler
de Steffa :
– Regarde, maman, cette feuille d'arbre,
tu ne trouves pas qu'on dirait l'oreille de Steffa ?
– Ce tapis marron est exactement comme
la robe de Steffa.
– Oh, il y a du vent aujourd'hui, j'ai l'impression
de galoper avec Steffa !
– À la cantine, on a eu de la purée. J'en ai eu
une cuillère grosse comme le sabot de Steffa !
Aujourd'hui, mercredi, c'est de nouveau
le jour où Numa peut voir Steffa !
La monitrice a organisé une course,
et Numa espère bien gagner avec elle.
Maman se moque un peu :
– Avec ses petites jambes, elle se fera dépasser
par les autres poneys.

La course commence et Steffa s'élance. Numa la pousse au trot et au galop. Numa et Steffa sont en tête, mais Goldar, un grand poney noir, les rattrape à quelques mètres de l'arrivée. Steffa et Numa font ce qu'ils peuvent pour ne pas se laisser dépasser. Soudain, Steffa stoppe d'un coup, alors Numa s'envole et atterrit de l'autre côté de la ligne d'arrivée !

Maman a peur que Numa soit blessé, mais sa bombe l'a bien protégé.

Nathalie annonce :

– Numa, on peut dire que tu as gagné ! Viens que je te remette la médaille !

Maman est en colère contre Steffa :

– Quel caractère, ce poney ! Tu aurais pu te faire mal !

Mais Numa réplique :

– Vraiment, maman, tu n'as rien compris, elle a fait ça pour que je gagne ! Tu ne trouves pas qu'elle est vraiment extraordinaire, Steffa ?

Maman regarde son petit garçon, avec ses yeux qui brillent et son cœur qui bat pour ce drôle de poney tout poilu. Alors, émue, elle répond :

– Tu as raison, mon chéri, Steffa est vraiment extraordinaire, mais pas autant que toi !

Le nouveau box de Moka

Ce soir, Moka est très content. Il va dormir tout seul, comme un grand, sans son papa, sans sa maman, sans bébé ponette pour le réveiller. Maman poney lui fait un câlin. Papa poney lui raconte une histoire. Et Moka se retrouve tout seul dans son nouveau box. Sa stalle sent bon la paille fraîche, mais c'est drôle, il se sent terriblement seul, si seul qu'il n'arrive pas à s'endormir ! Alors il s'en va boire un peu d'eau.

– Tout va bien, Moka ? lui demande sa maman.
– Puis-je aller dormir ailleurs ?
– Où ça ? l'interroge son papa.
– Chez un ami, répond Moka.
– Si tu penses que tu vas mieux dormir, vas-y, lui répond son papa.
Moka trotte jusque chez Cochonou.
– Puis-je dormir chez toi ?
– Bien sûr, entre donc.
Moka s'installe dans la porcherie.
Il est si content de ne pas dormir tout seul !
– Bonne nuit, dit Cochonou.
Moka s'endort, mais il se réveille en sursaut.
Croc croc croc.
– Quel est ce bruit ? s'étonne Moka.
– J'ai souvent un petit creux la nuit, alors je croque quelques épis de maïs, explique le cochonnet.
– Merci pour ton accueil, mais ces craquements m'empêchent de dormir.
Moka trotte jusque chez la vachette.
– Puis-je dormir avec toi cette nuit ?
– Oui, mille fois oui ! meugle-t-elle, ravie.
Fais comme chez toi !
Mais, bien vite, Moka est réveillé par un énorme grondement : RRRRRRRRRRR…
« Oh non ! c'est le tonnerre », pense-t-il, avant de comprendre que c'est la vachette, qui ronfle comme dix tracteurs.
Avec ces ronflements, il ne peut pas dormir !

Il s'en va chez ses amies les poules.
– Puis-je dormir chez vous ?
– Bien sûr, entre donc dans notre poulailler.
Et les voilà qui papotent, qui caquettent : cot cot codec cot cot codec.
À la longue, elles s'endorment, et Moka aussi. Mais illico : cocorico !
– Ah non ! Pas si tôt ! crie Moka.
Épuisé, le poney quitte le poulailler.
Il se traîne jusque dans son nouveau box.
– Comme je suis content de dormir tout seul ! Ici, pas de craquements, pas de ronflements, pas de cocoricos !
Son box lui paraît si délicieux… qu'il s'endort d'un coup. Pas pour très longtemps !
– Hiii… Debout, debout, hennit doucement sa maman.

La course sans fin

Tous les dimanches, Églantine supplie sa maman :

– Vite, vite ! Mon poney m'attend, dit-elle en tirant sur la main de sa mère. En arrivant, elle le cherche des yeux. Ça y est, le voilà ! Qu'il est beau, qu'il a fière allure avec sa crinière blanche et sa selle en cuir !

Églantine saute sur son poney, les yeux brillants. Devant elle, il y a le tigre jaune rayé de noir. Il va si vite que jamais Églantine ne parvient à le rattraper. Derrière elle, il y a un éléphant gris qui n'arrive jamais à la dépasser.
Et voilà, c'est parti ! La course a commencé !
Vite, vite ! Églantine se penche sur son poney et l'encourage avec ardeur :
– Allez, mon doux poney. Va plus vite !
Il faut rattraper le tigre ! Il ne peut pas toujours gagner !
Il lui semble bien que, cette fois-ci, le tigre ralentit… Mais non ! Son poney à elle perd du terrain, essoufflé, et Églantine comprend qu'il a besoin de se reposer.
Elle se redresse et regarde derrière elle pour surveiller l'éléphant, qui la chatouille avec sa trompe. Ouf ! Tout va bien, il est toujours derrière.

Décoiffée par le vent qui file dans ses cheveux,
Églantine caresse la crinière si douce
de son petit poney. Et le voilà reparti.
Les enfants tournent, tournent, tournent.
Églantine ferme les yeux, étourdie
par la course. Elle rêve que, cette fois-là,
son poney a dépassé tout le monde…
Mais le tigre n'a pas ralenti, il est toujours là
devant elle, éternel vainqueur.
Quand Églantine descend du manège,
elle promet qu'elle reviendra dimanche
prochain… et cette fois, c'est sûr, c'est elle
qui gagnera la course, foi d'Églantine !

Les fers d'or

Au club hippique, Roudoudou est le plus petit des poneys. Sa robe est alezane, sa queue balaie le sol et une longue crinière blonde lui retombe sur le nez.

Bientôt, ce sera le concours du printemps, et Roudoudou voudrait y participer, mais il n'arrive pas à franchir les obstacles, bien trop hauts pour lui.
– Tes jambes sont trop courtes ! se moque Hannibal, l'étalon.
Alors, pour se grandir, Roudoudou se met sur la pointe des pieds. Hélas ! Impossible de galoper ainsi…
– Et ton ventre est trop gros, il touche presque le sol ! continue Hannibal.
Roudoudou rentre son ventre du mieux qu'il peut mais… ouf ! Il manque d'étouffer. Il n'y a rien à faire.
– Ne t'en fais pas, Roudoudou, lui dit Praline, sa cavalière. Pendant le concours, nous ferons une belle promenade dans les bois. Mais d'abord, on va curer ton box.
Praline commence à balayer la paille, quand son pied accroche quelque chose.
– Tiens, ce sont des fers ! Comme ils brillent ! Voyons s'ils sont à ta taille…
Elle approche l'un après l'autre les fers des pieds de Roudoudou et, surprise ! ils se collent aussitôt à ses sabots.
– C'est vraiment étrange ! dit Praline.
Elle selle Roudoudou et le conduit dans la carrière, où tout est prêt pour le concours du lendemain, auquel ils ne participeront pas.

– Attends, Roudoudou, je vais chercher ma bombe, dit Praline.
Resté seul, Roudoudou ne peut résister : il part au petit galop.
« Je vais juste sauter le premier obstacle vertical, il est presque au ras du sol », se dit-il.
Roudoudou prend son élan et HOP ! Il fait un saut extraordinaire, très au-dessus de la plus haute barre.
Étienne, le moniteur, a tout vu.
– Roudoudou, c'est fantastique ! Tu fais désormais partie de l'équipe, dit-il, et c'est Praline qui te montera.
« C'est grâce aux fers, ils sont magiques, pense Roudoudou. Avec eux, je suis sûr d'y arriver. »
Le lendemain, le concours commence.
Praline a brossé le poney et natté sa queue et sa crinière.
Ils attendent. Le parcours est difficile ; même Hannibal a fait des fautes.
– Numéro sept, Roudoudou, monté par Praline ! annonce le haut-parleur.
Roudoudou s'élance. Rien ne lui fait peur et, à la fin du parcours, il accélère, encouragé par les acclamations du public.
– Parcours sans faute et meilleur temps, Roudoudou et Praline remportent l'épreuve !

Praline reçoit une coupe tandis que Roudoudou arbore une superbe médaille, sous l'œil dépité d'Hannibal.
De retour dans son box, Roudoudou regarde ses sabots et là, il n'en croit pas ses yeux : les fers d'or ont disparu ! Mais où ont-ils bien pu passer ? Inquiet, il gratte la paille de sa litière et… les quatre fers sont là, et ils ne brillent plus.
– Si je ne les portais pas pendant le concours, alors ce ne sont peut-être pas des fers magiques ! Et pourtant, j'ai réussi à sauter ! Mais comment ? s'étonne le poney.
– C'est parce que tu y croyais, chuchote une petite voix.
Roudoudou aperçoit un minuscule personnage, pas beaucoup plus grand qu'une carotte.
– La vraie magie, c'est d'y croire, poursuit l'étrange créature. Maintenant, tu sais que tu peux le faire !
– Je peux le faire, murmure Roudoudou.
Il veut remercier le lutin, mais celui-ci a déjà disparu.
Justement, voici Hannibal qui rentre lui aussi dans son box, l'air toujours moqueur.
– Hé, Courtejambe ! Tu n'as pas grandi, malgré tes exploits !
– Non, mais je peux sauter encore plus haut, réplique fièrement Roudoudou. Alors, on se retrouve au prochain concours ? Tu n'en croiras pas tes yeux !

Un cadeau caramel

Lilirose est folle de joie. C'est bientôt son anniversaire, et ses parents sont enfin d'accord pour lui offrir un animal. Elle en rêve depuis si longtemps ! Mais quand son papa lui demande :
– Que vas-tu choisir, un chat, un chien, un lapin nain, un cochon d'Inde ou un poisson ?
Du tac au tac, Lilirose répond :
– Un poney caramel.

Aussitôt, sa maman s'écrie :
– Impossible ! Nous habitons au dixième étage, dans un appartement.
Lilirose se fâche :
– Mais vous avez promis !
– Et pourquoi pas un chaton caramel ou un chiot caramel ? questionne papa.
– Ah non ! rouspète Lilirose, moi, j'ai choisi un poney, comme dans mon livre préféré.
Et Lilirose court chercher son grand livre sur les animaux.
Papa confirme :
– C'est vrai qu'il est très beau sur la photo…
Mais aussitôt il se reprend :
– Un poney a besoin d'une prairie pour gambader, d'une écurie pour dormir.
Lilirose s'entête :
– Mais vous avez promis !

Le jour de son anniversaire arrive. Lilirose reçoit ses paquets et se dit : « Ils sont bien trop petits pour contenir un poney. »
En les ouvrant, elle découvre un pantalon, des bottes et une bombe d'équitation.
– C'est une tenue de cavalière ! crie Lilirose, ravie.
Papa et maman annoncent en riant :
– Nous partons pour une promenade en poney. Est-ce que tu nous accompagnes ?
Lilirose explose de joie :
– Youpi ! Je m'habille et j'arrive.
Au poney club, la petite fille n'en croit pas ses yeux.
Il y a plein de poneys, des blancs, des gris, des pommelés, des bruns, mais un seul poney caramel, qui semble l'attendre.
Il a une crinière légère et des yeux tout doux.
– Allez, en selle ! dit papa.
– Pas si vite, papa, chuchote Lilirose. Avant de le monter, je dois me présenter, lui faire un gros câlin et lui demander s'il veut bien me porter sur son dos.
Papa sourit, il est si content. Sa petite fille, Lilirose, adore son cadeau.

Agnès Bertron-Martin - Carole Gourrat

Princesse Lili et l'ami des oiseaux

Dans le royaume, les poneys ne parlent que de ça : l'un d'entre eux va être choisi comme cadeau d'anniversaire pour la princesse Lili !
Sa Majesté le roi et Sa Majesté la reine parcourent le pays dans leur carrosse d'or et d'argent pour examiner tous les poneys qui y vivent.

Dans les prés, les poneys se préparent.
Ils se baignent dans les rivières pour être bien propres, puis s'ébrouent et se pomponnent. Ils s'entraînent aussi à galoper, à sauter et à marcher avec grâce. Ils hennissent en montrant leurs dents, comme s'ils racontaient des blagues charmantes, ou en pinçant leurs lèvres comme s'ils récitaient des poèmes. Prunus, le poney mal-aimé, mal coiffé, le poney plein de paille et de poussière, le poney qui reste seul dans son coin toute la journée, Prunus, lui, ne pense même pas à devenir le poney de la princesse. Il regarde, de loin, les autres s'agiter. Les oiseaux se posent sur ses oreilles, sa croupe, son encolure… Comme d'habitude, Prunus ne bouge pas. Il ne les chasse pas. Il reste tranquille. C'est pour ça que les oiseaux aiment bien venir discuter avec lui.

– Alors Prunus, lui disent les oiseaux, pourquoi ne tentes-tu pas ta chance, toi aussi ? Tu pourrais devenir le poney de la princesse !

Prunus est triste.

– Vous aussi, les oiseaux, vous, mes seuls amis, vous vous moquez de moi ! Voyons, je suis le plus laid des poneys, les autres me l'ont assez dit. Je ne pourrai jamais plaire au roi et à la reine.

– Mais non Prunus, nous ne nous moquons pas de toi ! Laisse-nous faire, nous avons notre petite idée. Ne bouge pas.
Et hop ! les oiseaux enlèvent avec leur bec la paille et les saletés emmêlées dans ses crins, puis ils tressent sa queue et sa crinière, en cadence, sans se tromper. Ensuite, ils filent cueillir dans les arbres et dans les prés des fleurs multicolores et parfumées.
Quand lc carrosse vient à passer, les oiseaux escortent Prunus en chantant. Ils font autour de lui une belle couronne d'oiseaux, une couronne de plumes et de musique.
– Qu'il est beau, ce poney fleuri, qu'il sent bon et qu'il a l'air gentil, pour avoir tous ces oiseaux comme amis ! s'écrient le roi et la reine. Voilà le poney qu'il faut pour l'anniversaire de notre princesse Lili !
C'est ainsi que Prunus est devenu le poney de la princesse. Lili ne le quitte jamais, et Prunus est heureux comme un prince au château.
Pourtant, il est toujours aussi patient et gentil avec les innombrables oiseaux qui aiment se poser sur lui !

L'enfant le plus sage de la terre

Maman,
Je veux un animal
ni trop petit ni trop grand,
Un peu comme un cheval,
Un poney serait l'idéal.
Le matin, il me réveillerait en hennissant,
Et avec un gros câlin, évidemment !

Je pourrais aller à l'école sur son dos,
Les autres trouveraient ça très rigolo.
En classe, il s'assoirait à côté de moi,
Il me passerait mes stylos
Et mangerait les feuilles de Lucas,
Un garçon que je n'aime pas.
Il aiderait la maîtresse à ranger les cahiers,
Il fermerait la porte avec son nez.
Pendant la récré, on jouerait au ballon,
Avec ses quatre pattes, ce serait un champion !
Le soir, je retournerais à la maison,
Tout seul, comme un grand.
Je me prendrais pour un chevalier,
Je brandirais un bâton comme une épée.
Pendant le dîner, je lui donnerais à manger.
Je partagerais tout avec lui,
Ce que j'aime et… le reste aussi.
À l'heure du coucher,
Il dormirait près de mon lit,
Pas besoin de me raconter une histoire
Ou de laisser la lumière allumée.
Après toutes nos aventures de la journée,
On s'endormirait vite, à poings fermés !
Tu vois, maman, avec un poney,
Tu n'aurais plus rien à faire,
Je serais l'enfant le plus sage de la terre…

Zemanel - Sejung Kim

Le poney et les cinq chevaux

Aujourd'hui, Igor doit rendre visite à son frère, de l'autre côté de la montagne.
Comme le voyage est long et dangereux, il prend avec lui ses cinq meilleurs chevaux. Au moment de partir, un poney l'attrape par le manteau.
– Bien, puisque tu insistes, dit Igor, tu porteras ma gourde d'eau.

Les voilà en route, Igor, ses cinq chevaux et le poney.

À peine ont-ils commencé à traverser la prairie qu'un cheval, incapable de contenir sa gourmandise, se jette sur l'herbe grasse et fraîche.
Impossible de lui faire reprendre la marche.
Pourtant, il faut continuer… Tant pis !

Les voilà sur les chemins escarpés de la montagne : Igor, quatre chevaux et le poney.
Les ravins sont tellement impressionnants qu'un autre cheval, effrayé par le vide, décide de faire demi-tour.
Impossible de le faire changer d'avis…
Tant pis ! Il faut bien continuer…

Les voilà de l'autre côté de la montagne, près du marais : Igor, trois chevaux et le poney.
Le brouillard les enveloppe petit à petit, puis il devient tellement épais qu'un troisième cheval, plus étourdi que les autres, finit par s'égarer.
Impossible de le retrouver… Tant pis !
Il ne faut pas s'arrêter…

Les voilà aux abords de la forêt : Igor, deux chevaux et le poney. La maison du frère d'Igor est de l'autre côté ; il ne reste plus qu'à traverser, mais les sous-bois sont tellement sombres que les deux autres chevaux, n'y tenant plus de frayeur, rebroussent chemin, persuadés d'avoir entendu hurler un loup.
Impossible de les rassurer. Tant pis !
Ils sont tout près…

Les voilà arrivés : Igor et le poney.
Sitôt la visite terminée, Igor et son poney font le voyage en sens inverse :
la forêt sombre,
le marais dans le brouillard,
la montagne escarpée,
l'herbe grasse de la prairie.
À aucun moment le poney ne s'est éloigné de son maître.
De retour dans sa ferme, Igor a retrouvé ses cinq chevaux, un peu penauds mais bien vivants. Tant mieux.
Le voilà sûr et certain d'une chose.
La prochaine fois qu'il devra rendre visite à son frère, de l'autre côté de la montagne, Igor sait qui l'accompagnera : son brave petit poney.

Marthe Platz - Marie Paruit

Les pommes de l'amitié

Par un bel après-midi de printemps, trois poneys, un grand, un moyen et un petit, s'en allaient au pas au marché. En chemin, le plus grand proposa de faire la course.
– Le premier arrivé, dit-il, gagnera trois pommes pour le goûter.

La récompense était alléchante. Aussitôt, le départ fut donné sur une ligne improvisée. Le grand poney s'élança au galop et choisit de couper à travers champs. Il longea la rivière, glissa et… plouf ! tomba dans l'eau.
Le poney moyen partit au trot. Il préféra, lui aussi, couper à travers champs. Il longea la rivière, trébucha et… crac ! se blessa à un sabot.

Le petit poney, lui, avança au pas en suivant le chemin. En arrivant, quelle ne fut pas sa surprise de constater qu'il était le premier ! Ses deux amis apparurent quelques instants plus tard, la mine défaite et répétant qu'ils avaient fait preuve de malchance.
Le petit poney reçut sa récompense : trois pommes, belles à croquer !

– Tu vas te régaler ! dit le grand poney, les naseaux chatouillés par le parfum des pommes.
– J'en ai l'eau à la bouche ! s'exclama le poney moyen, qui se léchait les babines.
Le petit poney croqua dans une pomme et proposa les deux autres à ses amis, surpris. Il expliqua :

– Vous avez perdu la course, mais vous n'avez pas démérité. C'est agréable de gagner, mais ça l'est encore plus de partager.
Les trois amis s'installèrent dans un coin du marché pour goûter. Les pommes eurent, ce jour-là, le goût de l'amitié.

Yoann Cabourg - Prisca Le Tandé

Les messagers spéciaux

Rock Wood était collé aux grandes falaises des montagnes Rocheuses. C'était un rude village de mineurs. Ici, chaque enfant recevait un cheval et une pioche lorsqu'il fêtait ses dix ans. Malheureusement, à dix ans, Tommy n'était pas plus haut qu'une roue de calèche, alors il n'avait reçu pour son anniversaire qu'un petit poney du nom de Max.

S'il n'était pas plus haut qu'un manche de pioche, Max était rapide comme le vent. Pourtant, il n'avait jamais le droit d'accompagner les chasseurs dans les montagnes.
– Les ours ne feraient qu'une bouchée d'un petit cheval comme ça ! riaient les villageois.
Un jour où Tommy et Max se promenaient près des mines, ils entendirent la cloche d'alerte du village retentir. Tous les mineurs sortirent des tunnels pour rejoindre Rock Wood.
– Les bandits de la terrible bande de Pat le Grincheux vont nous attaquer ! Ils arrivent ! criaient les habitants, effrayés.
Le shérif ordonnait que l'on hisse les palissades lorsque les bandits apparurent.
Leur chef s'approcha.
– Vous avez trois heures pour nous donner tout votre or, sinon nous viendrons vous le prendre de force !
Les villageois se regroupèrent.
– Qu'allons-nous faire ? Nous ne pouvons pas aller chercher la cavalerie, les bandits nous barrent le chemin, se lamenta le maire.
– Il faut passer par les mines, un tunnel débouche de l'autre côté de la montagne, proposa le shérif.
– Impossible, cela prendrait trop de temps, répondit le vieux Bob, qui connaissait les mines comme sa poche.

– Moi, je peux ! s'exclama Tommy.
Max est suffisamment petit pour galoper dans les tunnels, et il est rapide comme le vent. Nous serons de retour avec la cavalerie dans moins de trois heures !
Les villageois hésitèrent, mais ils n'avaient pas d'autre choix. Le maire écrivit un message pour le capitaine de cavalerie et le remit à Tommy.
Le garçon se tourna vers sa monture :
– Max, nous avons une mission, sauras-tu galoper dans les mines ?
Mais le petit poney avait déjà compris ce qu'on attendait de lui.
Ils partirent à toute vitesse, galopant entre les chariots et évitant adroitement les pioches et les tas de minerai. Et même lorsque la torche de Tommy se fit chancelante, Max ne ralentit pas.

Pendant ce temps, les bandits préparaient leurs pistolets et leurs carabines. Déjà ils se racontaient ce qu'ils feraient de tout l'or des villageois.

– Moi, je m'achèterai un nouveau mustang, dit l'un.

– Moi, un pistolet ! dit un autre.

Les autres bandits n'eurent pas le temps d'exprimer leurs souhaits.

En haut de la colline était apparu un petit garçon, pas plus haut qu'une porte de saloon, chevauchant un poney pas plus haut que le petit garçon.

– Pat le Grincheux, au nom de la loi, je vous arrête, vous et toute votre bande !

Les bandits se mirent à rire.

– Tu penses qu'une noisette chevauchant un écureuil va arrêter les bandits les plus célèbres de l'Ouest ?

Mais quand tout un bataillon de cavalerie apparut derrière le garçon et son poney, ils ne rirent plus du tout.

On arrêta les bandits, et Tommy et Max furent célébrés comme des héros. Tous les chasseurs voulurent qu'ils se joignent à eux, mais ce n'était plus possible, le capitaine de cavalerie leur avait déjà offert un nouveau travail : messagers spéciaux !

Le grand numéro de Grisou

Tous les soirs, Grisou, le poney, entend les spectateurs applaudir, mais ces applaudissements ne sont pas pour lui ! Ils sont pour les clowns, les jongleurs et les trapézistes, dont il aperçoit de loin les costumes éclatants à travers la porte du cirque, là-bas, sous les lumières d'or du grand chapiteau.

Lui, on le laisse à l'extérieur, dans son enclos. Il a juste droit à des susucres, à quelques carottes et à des « Oh, qu'il est mignon, ce poney ! » quand le public passe devant lui avant de s'installer sur les gradins.
Mais Grisou s'est entraîné en secret, et ce soir on va voir ce qu'on va voir !
Il soulève avec ses dents la ficelle qui bloque la porte de son enclos, il prend son matériel dans sa bouche et, alors que Monsieur Loyal est sur le point d'entrer pour présenter la soirée, le poney déboule au galop, le renverse et, sous les roulements de tambour, c'est lui, Grisou, qui vient se planter au milieu de la piste !
Il salue le public : à gauche, à droite, au centre. Il tourne sur lui-même en souriant, les babines relevées pour montrer ses grandes dents et la belle carotte qu'il tient comme s'il fumait un cigare !
Tout le monde éclate de rire ! Quel clown, ce Grisou !

D'un coup vif de l'encolure, Grisou lance sa carotte en l'air : elle fait un, deux, trois loopings, et le poney, la recevant sur la croupe, la renvoie en l'air d'un coup de derrière ! Avec ses grandes dents, il coupe la carotte en quatre morceaux. Il crache les morceaux et il les fait tourner en l'air les uns après les autres avec sa langue !
Le public applaudit de toutes ses forces : quel jongleur, ce Grisou !
Il a bien mérité de croquer sa carotte.
Grisou va détacher la corde qui retient le trapèze, et ce dernier descend près de lui. Grisou jette ses jambes avant par-dessus, prend de l'élan avec ses jambes arrière, et le voilà qui se balance. Le trapèze s'élève dans les airs. Et hop ! Grisou bascule et fait le tour de la barre. Le public retient son souffle.
Grisou enroule sa queue autour du trapèze et se jette à la renverse, puis il se redresse. On le fait ensuite redescendre au sol.
Quel trapéziste, ce Grisou !
Ce soir-là, Grisou reçut tant d'applaudissements que, maintenant, c'est toujours par son numéro que commence le spectacle du cirque !
C'est pour lui que le public se déplace…

Une verte vallée pour Pony

Il était une fois un petit poney nommé Pony. Sortant du ventre de sa maman, il tomba, pof, dans la paille par un joli matin d'avril. Sa maman l'aima tout de suite, le câlina, le nourrit, mais, dès qu'il fut devenu fort, on l'envoya à la mine.

Tous les jours, il y descendait en tirant une charrette vide. Les hommes la remplissaient de charbon, et Pony la remontait jusqu'à l'air libre. Grâce à sa petite taille, il se faufilait dans les galeries. « Ho hisse, allez, hue Pony ! »
À ce train-là, Pony usa très vite ses forces. Jour après jour, sans se plaindre, depuis le lever jusqu'au coucher du soleil, en été comme en hiver : « Ho hisse, allez, hue Pony ! »
Un jour, quand il n'eut plus la force de tirer la charrette, on l'abandonna dans un champ. L'herbe y était rare, et le sol caillouteux. C'est là que le trouva Brady.
« Pauvre poney, pensa-t-il. Ce n'est pas un bon endroit pour vieillir quand on a autant travaillé. »
Il y pensa toute la nuit et, au matin, une gigantesque idée jaillit dans son esprit !

Il avait entendu parler d'une verte vallée quelque part dans le pays. C'est là-bas que Pony devait terminer sa vie.
– Grand-père, dit-il. Au lieu de me payer pour le travail que j'ai fait, j'ai un service à te demander !
Il lui expliqua ce à quoi il avait pensé.
Le grand-père accepta tout de suite !
Ils firent monter Pony dans une camionnette et le conduisirent comme un prince dans la verte vallée, qui ressemblait à un paradis. L'herbe y était grasse et fleurie, et des ruisseaux couraient partout !
On raconte que Pony y vécut si vieux que les enfants de Brady le rencontrèrent…
Tranquillement couché dans un champ, il écoutait le chant d'une rivière, en respirant l'odeur parfumée de l'air…

Claire Astolfi - Claire Gaudriot

La promenade

Tous les dimanches, papy Gaspard emmène Edgar au parc.

Après la balançoire et le bac à sable, c'est l'heure de la promenade.
Ouf ! Le poney d'Edgar est toujours là.
Tiens, c'est bizarre, le petit garçon a l'impression que son poney est plus petit que la semaine dernière. Peut-être que c'est lui, Edgar, qui a grandi…
Une dame s'approche et lui sourit.
– Alors, Edgar, tu veux faire un petit tour avec Jumpy ? Je l'ai gardé exprès pour toi.
Edgar est content. Il se sent si bien, là-haut sur Jumpy, qu'il n'a plus peur des grands.
Il peut même attraper la casquette de papy Gaspard et la mettre sur sa tête !
Il est tellement à l'aise sur son poney qu'il ne veut plus descendre et redevenir petit.
Pour une fois qu'il est plus grand que papy !
Heureusement, papy Gaspard connaît bien Edgar ! Après la promenade, il l'emmène manger une glace… à la pistache… avec des noix… au chocolat !
Au revoir, Jumpy ! À la prochaine fois !

La rencontre de Martin

Derrière chez Martin, il y a un grand champ. Chaque matin, Martin adore sauter la barrière du jardin.
Il va dans le champ plein d'herbe haute et il court, et il saute, et il se roule dans l'herbe douce.

Un matin, en arrivant à la barrière, Martin voit que, pour la première fois, le champ n'est pas vide : dedans, maintenant, il y a un petit poney qui broute.
Sans un mot, Martin rentre chez lui, très en colère. Il ne peut plus courir, ni sauter, ni se rouler dans l'herbe douce qui le chatouille.
– Ce champ n'est pas à toi, dit maman. Il faut le partager.
Le lendemain, Martin ne sort pas de la maison. Alors qu'il regarde le petit poney de l'autre côté du carreau, il le voit lever la tête et le regarder. Il a de beaux yeux tristes. Martin a tout à coup envie de s'approcher de lui.
Le jour suivant, Martin va jusqu'à la barrière, mais il ne saute pas. Il reste dans son jardin. Il regarde le petit poney. Le poney lève la tête et marche vers lui. Martin ne bouge pas. Il a un peu peur. Un poney, même petit, c'est encore grand !
Le poney s'arrête à la barrière et regarde longuement Martin. Ce dernier a très envie de le caresser, mais il ne bouge pas. Il se dit : « Demain. Je le toucherai demain… »
Il y pense tout le soir, il en rêve la nuit.

Le lendemain, il est prêt : il sait qu'il va sauter par-dessus la barrière, s'approcher du poney, le caresser.
Quand il sort de chez lui, le champ est vide.
Il crie :
– Où il est, le petit poney ?
Il a déjà des larmes plein les yeux.
– Il est là, dit maman derrière lui.
Dans ton jardin.
Martin n'en croit pas ses oreilles.
Il se retourne. Le petit poney est là, dans son jardin à lui. C'est lui qui a sauté la barrière ce matin.
– Je crois qu'il avait envie de te voir, dit maman.
– Moi aussi, murmure Martin.
Il avance vers le petit poney et, pour la première fois, il pose la main sur ses naseaux tout chauds, en regardant ses deux grands yeux.
Tout à coup, c'est tellement doux, plus doux que la grande herbe du pré d'à côté.

Virginie Monbrison - Delphine Bodet

Big Jack

Avec son chapeau,
son lasso et ses bottes
qui font cling cling
quand il marche, Big Jack est un vrai cow-boy. Il n'a peur de rien, pas même de ce poney dix fois plus grand, dix fois plus fort que lui.

Non, Big Jack n'a pas peur. Il va l'attraper, le dompter et l'offrir en cadeau de mariage à sa fiancée, Little Lili. Big Jack espère même qu'il aura droit à un bisou.
Mais ce poney indien ne veut rien savoir. Il veut galoper libre dans les plaines du Far West. Il se cabre et pousse un hennissement strident avant de charger notre cow-boy. Heureusement, Big Jack est rapide. Hop ! il saute sur le côté, évite de justesse les sabots du petit cheval sauvage. Hop ! il lance son lasso. Hop ! le voilà sur le dos du poney. Big Jack s'accroche de toutes ses forces à la crinière. Le poney fait le dos rond, se tortille, saute et gigote dans tous les sens. Les doigts de Big Jack glissent, il ne faut surtout pas lâcher, ne pas tomber, ne pas se faire réduire en bouillie par les sabots. Le poney sent la victoire approcher. Il donne un dernier coup de cul, bien décidé à envoyer ce cow-boy de rien du tout faire un magnifique roulé-boulé dans la poussière !
Soudain, un cri retentit…
– Jaaaacques ? Jacounet, on passe à table !
– Euh… Oui, maman… j'arrive.
– Allez, mon cœur, descends de ton cheval à bascule et viens vite dîner.
– Maman, ce n'est pas un cheval à bascule ! C'est le redoutable Ouragan-Crin-de-Feu, mon poney indien ! Et moi, ce n'est pas Jacounet, mais Jack, BIG Jack !

Les sept frères

Il était une fois une maman poney qui avait sept petits, tous aussi coquins et polissons.
Un jour qu'elle s'en allait rendre visite à sa cousine dans un pré lointain, elle les prévint :
– Soyez sages ! Prenez garde au loup !
– Ne t'inquiète pas, maman, répondirent en chœur les poneys, tu peux partir sans crainte !
Alors la maman poney s'en alla, après avoir fait sept bisous à ses petits filous.

Quelque temps après, les poneys entendirent frapper à la porte de l'écurie.
– Ouvrez, mes chers petits, j'ai oublié de vous donner vos seaux d'avoine pour le goûter…
Les poneys reconnurent aussitôt la grosse voix du loup.
– Taratata ! Nous ne t'ouvrirons pas, vilain sac à puces !
Raté ! Le loup repartit très contrarié, mais il eut vite une idée pour se rattraper.
Hé, hé, hé ! Il s'en alla jusqu'au moulin voisin, plongea une patte dans la farine et marmonna :
– Avec ça, elle sera aussi blanche que la patte de maman poney !
Il retourna sans tarder frapper à l'enclos.
– Ouvrez la porte, mes chers petits, j'ai oublié de changer l'eau de votre abreuvoir…
Le loup passa sa patte blanche sous la porte pour tromper ses proies, mais les poneys ricanèrent :
– Taratata ! Tu n'as même pas de sabot, vilain pas beau !
Et ils écrasèrent aussitôt la patte de ce loup un peu trop téméraire à leur goût.
– Ouille ! Ouille ! Ouille !

Cette fois, le loup en eut assez. Il sentit la colère monter et jura de ne faire qu'une bouchée de ces vilains poneys. Il bomba le torse et gronda de sa plus terrible voix :

– Je suis le grand méchant loup ! Je vous préviens, bande de vauriens, je vais entrer dans votre enclos et vous croquer jusqu'au dernier !

À ces mots, la porte s'ouvrit sur-le-champ en grinçant.

– Ça par exemple, s'étonna le loup, ils ont eu peur de moi, finalement !

Vite, l'animal se précipita tête baissée. Il avait hâte de se régaler. Quelle erreur ! L'affreux n'eut pas le temps de relever le nez… Hop là ! Bing !

Les poneys l'attendaient de sabot ferme. Tous les sept rassemblés dans l'entrée ruèrent de concert pour faire voltiger le loup dans les airs. On l'entendit hurler à travers les nuages, mais on ne le revit plus jamais !

Quand maman poney demanda à son retour :

– Tout s'est bien passé mes amours ?

Les sept poneys coquins répondirent comme si de rien n'était :

– On a faim !

Mini, l'acrobate

Dans le cirque Patoto vit Mini, le plus petit shetland du monde (c'est ce qui est écrit sur sa cage). Les enfants le dévorent des yeux, avec une irrésistible envie de le serrer contre eux. Pourtant, Mini se sent seul et inutile. Depuis quelque temps, il reste prostré, le regard triste. Monsieur Patoto, le propriétaire du cirque, l'a remarqué. Il se dit que, peut-être, Mini s'ennuie…

Aussi, le soir même, lors de la représentation, Mini devient l'assistant du clown Spaghetti.
– Allez Mini, saute dans le cerceau ! Mini, renverse le seau d'eau !
La peur le pétrifie, et il ne comprend pas ce que lui dit le clown Spaghetti.
– Ah ! mon Mini, tu n'es vraiment pas doué, soupire monsieur Patoto en le ramenant dans son box.
Le lendemain, Mini refuse de manger, alors monsieur Patoto décide de le sortir un peu. Il plante un piquet dans l'herbe, et Mini peut gambader, attaché à une longue corde. Il croise les autres chevaux du cirque Patoto, deux beaux étalons, Tonnerre et Frisson. Mini aimerait tellement être comme eux, fort et courageux. Le poney court avec les chevaux sous le regard intéressé de monsieur Patoto…
À la nuit tombée, le chapiteau est de nouveau bondé. Monsieur Patoto a pris une grande décision, et il croise les doigts très fort, caché derrière le rideau. Tonnerre et Frisson entrent en piste sous un flot d'applaudissements. Ils sont si grands que les spectateurs ne voient pas immédiatement Mini, qui les suit.

Les deux étalons lèvent leurs pattes avant.
– Et maintenant, mes amis, je vais vous présenter un tout nouveau numéro ! annonce la dresseuse de chevaux.
Tonnerre place ses deux sabots sur le dos de Frisson. C'est le moment ou jamais, pour Mini ! Tonnerre et Frisson le regardent, comme s'ils cherchaient à l'encourager. Alors, Mini hennit et grimpe sur le dos de Tonnerre. Juché sur les deux chevaux, il n'a jamais été aussi haut. Les enfants le contemplent avec admiration !
Pour la première fois de sa vie, Mini n'est plus seulement petit…
Au matin, avant de partir vers une autre ville, monsieur Patoto s'empresse de modifier l'affiche de sa tournée : « Au cirque Patoto, venez assister à un nouveau numéro, avec notre héros, Mini, le poney le plus courageux du monde ! »

Ghislaine Biondi - Lucile Limont

Les étoiles du poney

Chaque jour, le soleil se promenait dans le ciel. Tout là-haut. Bien au-dessus du vent, des nuages et des oiseaux.

– Je me sens si seul, soupirait-il.

Un matin, le soleil aperçut un petit chat et l'invita à venir lui tenir compagnie. Il lui tendit un de ses rayons pour l'aider à grimper jusqu'à lui.

Le chat et le soleil commencèrent à bavarder :

– Je suis un bon chasseur, déclara le mistigri. J'attrape toutes les souris.

– Moi, répondit le soleil, je suis un grand voyageur, je connais tous les pays.

Mais bientôt le petit minet se mit à bâiller. Ses yeux picotaient, comme si le marchand de sable était passé. Il se coucha et s'endormit jusqu'au soir.

Quand le chat s'éveilla, le soleil s'apprêtait à se coucher.

Le mistigri s'excusa de s'être endormi.

Le soleil le rassura :

– Ce n'est pas de ta faute, tu es fait pour vivre la nuit et dormir la journée.

Le chat salua le soleil et redescendit pour aller chasser.

Le lendemain, le soleil chercha un nouvel ami.
– Cette fois, se dit-il, j'en veux un qui ne vive pas la nuit !
Et il proposa à un jeune chien de venir le rejoindre, mais l'animal ne pensait qu'à jouer. Il courait à travers le ciel, jappait sans raison et, quand il s'arrêtait enfin, il se faisait les dents sur les rayons du soleil.
Le soir venu, le soleil était fatigué de ce chiot turbulent. Il lui proposa un dernier jeu : faire du toboggan sur un rayon pour redescendre sur la terre !
Le troisième jour, le soleil réfléchit davantage avant de choisir.
Il entendit le coq.
– Il me percera les tympans, avec ses cocoricos !
Il observa un cochon qui se roulait dans la boue.
– Il va me mettre de la gadoue partout !
Et puis, il vit un poney qui broutait tranquillement dans le pré.
– Celui-ci a l'air bien calme.
Et voilà le poney aussitôt invité à monter.
Il trotta toute la journée à côté de son nouvel ami, à qui il raconta des histoires de sa famille.
– J'ai des cousins dans le monde entier.
Et il parla des shetlands, des poneys du Connemara, des welsch…
– Mon oncle Theodor O'Connor a remporté une médaille d'or, et Stroller, mon frère, a gagné une médaille d'argent au saut d'obstacles.

Le soleil ne vit pas le temps passer.
– Oh ! là, là ! Il est tard ! s'écria-t-il soudain en voyant le ciel s'assombrir.
Avant d'aller se coucher, il proposa au poney de revenir le lendemain.
Le poney galopa sur le dernier rayon, qui commençait à disparaître. Ses petits sabots faisaient des étincelles dorées dans l'obscurité. Ces éclats de lumière s'accrochèrent dans la nuit noire.
Les premières étoiles venaient de naître sous les pas du petit cheval.
Chaque jour, le poney alla voir le soleil.
Chaque soir, il fit naître de nouvelles étoiles, et peu à peu le ciel se mit à scintiller.

Lito - 41, rue de Verdun 94500 Champigny-sur-Marne
Imprimé en UE - Loi n° 49-956 du 16 juillet 1949
sur les publications destinées à la jeunesse
Dépôt légal : juin 2012